AF267316

DE L'INCOMPATIBILITÉ

DU

SYSTÊME DÉMAGOGIQUE

AVEC

LE SYSTÊME D'ÉCONOMIE POLITIQUE

DES PEUPLES MODERNES.

A PARIS,

CHEZ les Marchands de Nouveautés.

AN VIII.

DE L'INCOMPATIBILITE

DU

SYSTÈME DÉMAGOGIQUE

AVEC

LE SYSTEME D'ECONOMIE POLITIQUE

DES PEUPLES MODERNES.

IL n'y a personne qui n'ait observé qu'il existoit en France un malaise et un tiraillement auxquels nos victoires ne remédioient point, auxquels même la paix n'eut remédié qu'en partie. Chacun se trouvoit dans une situation pénible ou violente, ceux même qni aimoient la République sembloient faire un effort ou un acte de générosité : ils ne l'aimoient point comme on aime naturellement son bien-être. Chacun espéroit ou desiroit quelque chose encore au-delà des victoires et de la paix. La situation où les François se trouvoient n'étoit donc point naturelle, et il y avoit dans toute l'organisation actuelle quelque chose qui n'étoit point

A

à sa place, qui étoit en contradiction avec ce qui doit exister, et qui par conséquent ne pouvoit subsister. Il étoit donc instant de rechercher ce défaut secret, et de replacer les choses sur une base sur laquelle elles pussent rester, afin que les Citoyens ne se trouvassent plus comme dans une sphère étrangère, et, pour ainsi dire, hors de leur pays.

Ce défaut secret étoit l'espèce de contradiction qui existoit depuis le règne de la terreur entre le système d'Economie politique établi depuis long-tems dans la France, invariable et nécessaire par sa nature, et le système politique ou les idées de gouvernement qu'on s'étoit efforcé d'introduire à cette époque, et dont une bonne partie subsiste encore.

La manière de subsister d'un peuple et sa manière d'être gouverné sont, à la vérité, deux choses différentes ; mais il y a une harmonie nécessaire entr'elles : dès que cette harmonie n'existe plus, le peuple, qui est en contradiction avec son gouvernement, tend naturellement à le réformer, et finit par y réussir. Vous pouvez anéantir la manière d'être gouverné d'un peuple : vous ne pouvez point, quelques efforts

que vous fassiez, anéantir sa manière de subsister. Il faut donc, lorsqu'on veut donner une
forme de gouvernement nouvelle à un peuple,
ne point toucher à sa manière de subsister, c'est-
à-dire, à son système d'Economie politique, éta-
blir cette forme sur ce système, ou du moins la
mettre avec lui dans la plus grande harmonie
possible. C'est cette harmonie qui produit la
véritable tranquillité publique, et qui assied,
pour ainsi dire, les peuples sur une base solide;
elle écarte ces vagues inquiétudes dont nous
avons été les témoins, parce que le peuple n'attend du gouvernement aucune mesure extraor-
dinaire, et que le gouvernement n'attend du
peuple aucun mouvement violent: chaque chose
tourne naturellement et paisiblement dans la
sphère qui lui a été assignée.

Le système politique, tel qu'il a été conçu à
l'époque susdite, nous a été transmis par d'autres mains que celles qui nous ont transmis
notre système d'Economie politique : ou en
d'autres termes : le système républicain, tel
qu'on le conçoit communément, nous vient
de peuples qui n'avoient point notre système
d'industrie, c'est-à-dire des Grecs et des Romains.

Ces peuples avoient des esclaves qui étoient chargés des travaux de la campagne et de ceux des manufactures : ils n'avoient à s'occuper que des affaires publiques ; car ils n'en avoient point d'autres. Leur démocratie la plus parfaite seroit chez nous la plus affreuse aristocratie. Au lieu de dire qu'il n'y avoit à Rome que deux sortes de personnes, et qu'il n'y avoit à Athènes que le Peuple, il faut dire qu'il y avoit à Rome trois sortes de personnes : les esclaves qui n'avoient aucun droit de citoyen, les plébeyens qui en avoient quélques-uns, et les patriciens qui les avoient tous ; et il faut dire qu'il y avoit dans cette absolue démocratie Athènienne, dans cette parfaite Egalité tant vantée, deux espèces d'hommes absolument distincts, c'est-à-dire, des maîtres et des esclaves. C'est cependant chez ces peuples qu'a été pris notre système politique.

Notre système d'industrie tire sa première origine des tems où commença en Europe l'affranchissement des personnes et des propriétés, opéré graduellement depuis notre sortie de la barbarie : cet affranchissement, gracés à une religion qui a compensé en ceci les maux qu'elle a faits, a été absolu et universel, et là où il a été completté, (car il ne l'est pas encore par-tout) il n'y a plus eu que des hommes également libres civilement, quoique la nation n'eut point de liberté politique. Alors des esprits échauffés par les idées de liberté politique puisées chez les Grecs et les Romains, c'est-à-dire, dans des Aristocraties effroyables, eu égard à l'esclavage domestique, ont voulu donner à la multitude qui s'occupe d'une foule de travaux différens pour vivre, le genre de vie et les habitudes d'hommes qui n'avoient d'affaires que celles de l'Etat, et qui passoient leur vie sur la place publique.

Il a dû se montrer naturellement quelque résistance de la part de ceux dont on vouloit ainsi faire tout d'un coup des maîtres vivant à leur aise, mais à qui l'on ne donnoit point d'esclaves pour qu'ils pussent vivre dans l'oisiveté. Cette ridicule contradiction n'a point été apperçue, et l'on ne s'apperçoit point que c'est encore là aujourd'hui la véritable cause du défaut d'esprit public dont on se plaint si universellement. Pendant le règne de la terreur on avoit, en quelque sorte, assimilé le peuple de Paris à celui d'Athènes, on en avoit fait, au lieu d'ouvriers industrieux, des maîtres oisifs; les 40 sols par jour remplaçoient le service des esclaves, et lui assuroient le loisir dont il avoit besoin pour vacquer aux affaires publiques. Aussi cette partie du Peuple, à qui on a donné ce rôle à jouer, le regrette-t-elle : elle aimoit mieux passer sa journée dans les Sociétés populaires ou dans les tribunes de la Convention, en ne gagnant que quarante sous par jour et en vivant mal, mais en s'occupant d'affaires publiques, en se sentant la maîtresse, et en regardant comme ses serviteurs les divers Chefs de faction qui faisoient tomber leur tête, l'un après l'autre, aux pieds de ce Souverain d'un jour ; elle aimoit mieux ce genre de vie véritablement Athénien, que de s'occuper dans les champs, dans les atteliers et dans les boutiques, des divers soins de l'industrie qui nourrissent les familles et entretiennent la prospérité de l'Etat. Ce fut un tour de force de ce tems là, et dont le but étoit de donner du goût au peuple pour la République, et de le dégoûter de la monarchie. Mais qu'est-il arrivé ? On lui a donné du goût pour une République qni ne peut subsister, c'est-à-dire, pour le régime aristocratique des Grecs et des Romains ; et il faut maintenant le ramener vers le régime industriel d'une République moderne, fondée, non sur l'oisiveté, mais sur le travail de tous. Ces opinions ont infecté une foule d'esprits dans les classes laborieuses, et sur-tout ceux des malheureux qui d'ordinaire se convertissent les premiers aux religions nouvelles. Mais comme on n'est point déraisonnable impunément, que tout système incohérent et absurde entraîne nécessairement après lui des conséquences funestes, la pauvreté et la misère sont venues tout naturellement se placer à la suite de celui-ci. C'est là ce qui a promtement converti la masse du peuple ; heureusement elle avoit assez peu oublié ses anciennes habitudes de travail pour y retourner avec plaisir ; et aujourd'hui elle ne demande que de l'ouvrage pourvu qu'il y ait de quoi le payer. Ce seroit un gain véritable s'il étoit resté, de cet essai que l'on a fait faire au peuple d'une République à l'antique, de l'aversion pour l'ancien régime féodal, et je crois que cela est arrivé jusqu'à un certain point ; car ceux qui obtiennent du travail sont aujourd'hui mieux payés et plus décemment traités qu'ils ne l'étoient anciennement.

Une République telle qu'on peut la fonder aujourd'hui est nécessairement subordonnée au système d'Economie publique dans lequel nous

vivons, comme celles des anciens étoient subor-
données à leur maniére de subsister. Le systême
d'Économie est absolu et nécessaire, parce qu'il
tient aux besoins des hommes auxquels la nature
leur a ordonné de satisfaire sous peine de mort.
Le systême politique est relatif et arbitraire,
parce qu'il dépend d'une infinité de combinai-
sons dont la raison humaine est susceptible.

Puisque l'un de ces systêmes est nécessairement
subordonné à l'autre, on a eu tort de chercher
à réaliser chez nous de tout point les anciennes
idées de gouvernement, uniquement parce
qu'elles flattoient l'imagination. C'étoit vouloir
réaliser des fictions telles que celles de la poésie
ou de l'Opéra, car c'est une fiction que le gouvernement des anciennes Républiques dans
notre systême d'industrie. La disparité entre
les idées et les choses, produite par cette ir-
ruption de l'Antiquité chez nous, a fait naître
chez les gens de bons sens une incertitude,
une hésitation qu'on n'auroit pas dû se hâter
de prendre pour un manque de patriotisme.
Cette situation de l'esprit dans laquelle on lutte
perpétuellement contre sa raison, n'est pas fort
naturelle ni fort tranquillisante, et doit avec

justice inspirer quelqu'inquiétude. Cette même disparité n'a pas été sentie par les Enthousiastes moins accoutumés à réfléchir et doués de plus d'imagination que de jugement. Ceux-ci ont une assurance d'inspiré ; ils ne veulent entendre à aucune objection et ne connoissent que la force pour réduire quiconque doute ou résiste. Ils ont fait un grand mal, car ils ont faussé les idées du Peuple français sur la République ; ils en ont fait un plus grand, car ils ont cherché à continuer leur système et à rester maîtres des affaires malgré leur ineptie reconnue. Incapables de comprendre ce que doit être une République française, plus incapables de la diriger, ils n'ont su autre chose que couvrir la France d'un flux de paroles et d'un déluge de lois.

De-là est venue l'erreur d'une foule d'hommes amis de leur pays : en voyant cette Republique, ils crurent qu'ils ne pouvoient être Républicains et qu'ils avoient besoin de la monarchie pour rétablir les affaires de la France.

On peut tant qu'on veut rechercher la

perfection dans la morale et prendre impunément des exemples dans tous les pays,
parce que la morale est une par-tout. Vous
pouvez vous proposer pour modèle Pilpay,
Confucius, Socrate, ou Jésus de Nazareth,
vous serez également homme de bien ; mais
il n'en est pas de même de la perfection de
la Constitution politique, vous ne pouvez
point sans danger transporter d'un pays dans
un autre, d'un tems dans un tems postérieur
des idées politiques, et des formes de gouvernement qui ne seroient point en harmonie
avec ce qui existe, et qui, par conséquent,
ne pourroient être réalisées sans vexer ex-
cessivement, et qui plus est, inutilement,
les Citoyens. Et malheur à vous, si vous per-
sistez jusqu'à ce que la Nation périsse au mi-
lieu de votre vaine et meurtrière expérience :
l'ineptie devient alors le plus grand des crimes.

En politique, le bon n'est point absolu,
mais relatif. Mais, nous avons été condamnés
à passer successivement par le cercle de toutes
les sottises qui ont été en vogue sur le globe.
D'abord le Christianisme, enté sur le Judaïsme,
avoit fait de nous presque des Orientaux ;

nous étions régis par des mœurs juives et par les lois d'un Juif, et le sommes encore à beaucoup d'égards. Dans le siècle dernier, les lois et les usages de la plus méprisable des peuplades Asiatiques étoient devenus notre code politique : ils constituoient, il y a peu d'années, notre code religieux. Puis nous avons abandonné à leurs visions et à leurs chimères les Voyans de l'Orient, sans les interroger davantage sur ce qui constitue notre bonheur, l'innocence ou le crime de nos actions ; et nous avons été chercher la vérité dans la Grèce, école bruyante de philosophie et de politique. Aussitôt, fidèles à notre génie d'imitation, nous avons voulu réaliser chez nous les Républiques d'Athènes et de Sparte avec le même zèle que nous obéissions aux lois de Moyse.

Les Français qui ont, plus que tous les autres peuples modernes, tous les besoins naturels et artificiels, et qui n'avoient concouru au renversement de la royauté que dans l'espérance de satisfaire plus facilement à ces besoins, on les a transformés en moines politiques ; ils avoient besoin de liberté civile

pour se livrer avec plus de succès à leur industrie, on leur a donné la liberté politique,
et on les a incarcérés ; ils cherchoient des
jouissances, ils n'ont trouvé qu'un système
d'universelle abnégation.

Les peuples de l'antiquité formoient des
établissemens nationaux militaires, les esclaves dont ils avoient besoin étant pour la plus
grande partie le produit de la guerre. La guerre
et les esclaves formoient une partie essentielle
de leur existence, et la liberté devoit être es-
timée au-delà de tous les biens, parce qu'elle
étoit à côté de l'esclavage domestique qui est
le pire de tous les maux, et d'autant plus
terrible que personne n'étoit sûr de n'y pas
tomber. Crésus et Hécube furent réduits en
esclavage, et Solon avoit raison de dire qu'on
ne pouvoit appeler un homme heureux que
le dernier jour de sa vie. Les peuples d'aujourd'hui forment des établissemens nationaux
industriels qui n'ont rien de commun avec ce
terrible usage de la force : ils doivent avoir
par conséquent moins d'énergie et chercher
plutôt à vivre qu'à vivre libres. La misère est
le grand ennemi des peuples modernes, comme

l'esclavage l'étoit des peuples anciens. Les anciennes Républiques étoient fondées contre
l'esclavage et pour la liberté : les États modernes ont pour but d'éviter la pauvreté et de
procurer l'abondance. Chez les peuples d'aujourd'hui, la liberté est, moins un besoin mo-
ral, qu'un moyen et un instrument pour satisfaire les besoins physiques. Cela n'est ni
brillant, ni romanesque, mais cela est vrai et
dans la nature.

Ce n'étoit donc point une pure imitation
des anciens gouvernemens libres qu'il nous
falloit; il nous falloit une forme de gouvernement libre adaptée à nos mœurs, à nos
besoins, sur-tout à notre système d'industrie.
Des hommes sans génie et sans invention,
qui ne savoient que contrefaire ce qu'ils
voyoient ou ce qu'on leur avoit dit, nous
donnèrent une liberté étrangère qui ne pouvoit point se nationaliser, et plantèrent un
arbre exotique qui ne pouvoit pousser des
racines. Ils firent comme avoient fait avant
eux d'autres hommes sans génie, qui rempli-
rent l'Europe d'erreurs Orientales. De grandes
calamités nationales et des flots de sang ont

marqué ces deux erreurs et signalé ces deux écueils. Un seul homme, non point servile copiste de l'Antiquité, mais observateur philosophe de l'état présent des choses, avoit vu que le chemin qui conduit à la liberté véritable est plus court et plus uni qu'on ne pense. Il voulut conduire la Nation par cette route, mais les clameurs de la folie couvrirent la voix de la sagesse, l'ineptie s'arma contre le génie, la scélératesse contre la probité, de tout ce que les passions humaines ont de plus impur et de plus féroce. La France eut une révolution par le fer et par le feu, et nous n'eûmes point, dès-lors, cette Constitution, obtenue sans secousse et vierge de malheurs, dans laquelle le citoyen est à tous les instans entouré de sa liberté et de sa Souveraineté, et dont le premier bienfait étoit la liberté civile la plus étendue.

Les peuples anciens n'étant autre chose qu'une société de maîtres qui faisoient travailler leurs esclaves, tandis qu'ils ne s'occupoient que du gouvernement de la République, n'éprouvoient pas, comme nous, le besoin de la liberté civile et ne la connoissoient pas même de nom. Quand elle étoit violée, le peuple en faisoit une affaire de liberté politique, c'est ainsi que l'enlèvement de Virginie fit tomber les Décemvirs à Rome. Ce que nous avons appelé de nos jours liberté civile ne pouvoit pas être connu là où les causes particulières se jugeoient par le Peuple même assemblé sur la place publique, et chaque fois que les anciens parloient de liberté, ils entendoient par ce mot ce que nous entendons aujourd'hui spécialement par *liberté politique*.

Il en a été bien différemment des peuples modernes. L'origine de tous les Gouvernemens étant l'esclavage de la glèbe, les peuples n'entroient pour rien dans le maniement des affaires publiques, et ne s'occupoient que des soins de l'industrie pour faire vivre et enrichir la famille ; plus ils devenoient industrieux, plus ils avoient besoin, non de cette liberté qui consiste à régler les affaires générales, mais de celle qui leur laissoit la plus grande facilité et la plus grande latitude pour régler leurs affaires particulières et domestiques.

Il s'ensuivoit de-là que le peuple de l'Europe le plus adonné à l'industrie et en même-tems le plus durement gouverné, devoit le premier sentir le besoin de la liberté civile, et être le premier à l'acquérir. En effet, les Anglais, peuple industriel par excellence et constamment conquis, ont été les auteurs de la liberté civile en Europe. Ils furent d'abord gouvernés par des rois étrangers qui exploitoient l'Angleterre comme une ferme, et qui cherchoient à vexer autant qu'ils pouvoient les habitans pour s'enrichir aux dépens d'un pays qu'ils ne regardoient point comme leur patrie; c'est ce que firent les rois Normands. Depuis, ils ont été épuisés par les impôts que les rois exigeoient d'eux pour nourrir la guerre dans le Continent; c'est ce qui est arrivé sur-tout depuis le règne de Guillaume III. Aujourd'hui George III réunit sur eux ces deux fléaux ; il les accable d'impôts pour entretenir la guerre dans l'Europe et pour enrichir son Electorat d'Hanovre aux dépens des Anglais, qu'il regarde bien comme ses sujets, mais non comme ses compatriotes.

Il est aisé de concevoir combien la liberté civile devoit être précieuse à un peuple agriculteur, manufacturier et commerçant, vexé et exploité par de pareils rois; elle a été si puissante dans ses effets qu'elle lui a fait supporter tous les inconvéniens du régime féodal qu'il conserve ; elle a tellement nourri et accru son industrie, que l'Angleterre, qui répand ses trésors par-tout pour alimenter la guerre et payer la trahison, est encore, malgré cette énorme prodigalité, le plus riche pays de la terre.

La France étoit à plusieurs égards dans le même cas que l'Angleterre et bien plus favorisée par son sol. Il seroit presque romanesque de vouloir décrire sa prospérité si elle eût joui du même degré de liberté civile que l'Angleterre. Mais, des hommes qui ne comprenoient rien au système d'Economie sous lequel elle vivoit, et séduits par les discours des Démagogues de l'Antiquité, lui donnèrent un degré de liberté politique, incompatible avec un grand degré de liberté civile, et ne lui firent éprouver que des secousses réitérées, au lieu d'une prospérité constante et progressive. Ils ignoroient qu'un Peuple qui sort de l'esclavage doit être beaucoup plus épris de la liberté civile que de la liberté politique, et qu'il faut qu'il ait joui quelque tems de la première pour apprendre à connoître le prix de la seconde et à la desirer. Ils ignoroient aussi qu'un degré extrême de liberté civile et de liberté politique revient à une dissolution du Gouvernement, celui-ci n'étant pas sûr de durer un jour et pouvant être renversé à tous les instans par toutes les passions qui n'ont aucun frein. Ils ignoroient enfin que dans l'alternative de ces deux libertés qui, poussées à un degré extrême, s'entre-détruisent et s'entre-dévorent réciproquement, le système d'industrie sous lequel la France est établie, exigeoit impérieusement qu'ils lui donnassent d'abord le plus grand degré de liberté civile possible.

Le système démagogique (celui dans lequel le peuple est toujours en mouvement pour gouverner par lui-même) transporté mal-à-propos des républiques anciennes dans la République française, doit donc être réprouvé quant à l'intérieur, puisque d'un côté il ne donne pas au citoyen le degré de liberté civile dont il a besoin pour son industrie, et que de l'autre il lui impose, pour ainsi dire, une liberté politique dont l'exercice lui est à

charge, qui lui prend un tems trop considé-
rable, et le gêne dans les soins qu'il doit à
ses affaires particulières, pour assurer la prospérité de sa famille qui est son objet principal.

Ce même systême démagogique doit également être réprouvé quant à l'extérieur; car
si le citoyen a besoin de la liberté civile au-
dedans, il a un égal besoin au-dehors de la
paix avec les Puissances étrangères, parce
que, dans l'état actuel de civilisation, ses affaires ne se font pas simplement avec ses conci-
toyens et dans son pays, mais avec les étrangers de tous les pays : son industrie a pour
objet ou pour instrumens, l'universalité des
hommes répandus sur le globe, et son état
naturel, celui qui est le plus favorable aux
progrès de son industrie, est l'état de paix avec
toute la terre.

Or ceux qui ont introduit et qui conti-
nuoient en France ce systême démagogique,
ne donnoient aucune garantie aux Puissances
étrangères, et il n'y avoit avec eux d'alternative pour la République française, que d'a-
néantir les monarhies ou d'être anéantie par

elles ; but absurde d'une association politique
que de vouloir détruire toutes les autres as-
sociations politiques, et bien digne de Rome
et de Sparte ! Ils disent : La guerre actuelle
ne ressemble point aux autres guerres ; la
guerre ne se fait que pour parvenir à la paix,
et dans la guerre actuelle on ne peut parvenir
à une paix véritable, c'est-à-dire, à l'état des
choses tel qu'il existoit avant la guerre, ou
du moins à des sentimens réciproquement
aussi pacifiques que ceux qui avoient lieu avant
les hostilités. Il restera toujours dans les sentimens une opposition qui continue l'état de
guerre, et aucune réconciliation ne peut être
sincère, parce que de part et d'autre on ne re-
tombe jamais sur les anciennes bases. C'est-là
proprement ce qui caractérise les guerres de
religion ou de principes, elles ne peuvent finir
que par l'extermination d'un parti, car l'inimitié
n'est pas seulement dans les hommes, comme
il arrive dans les guerres ordinaires, mais dans
les principes : l'hostilité ne consiste pas seulement à être en armes, elle consiste à professer
tel principe, ainsi la paix n'est pas de poser les
armes, mais de renoncer à la profession de ce
principe, et de revenir à la croyance du parti

contraire ; et tel est, ajoutent-ils, l'état où nous nous trouvons nécessairement vis-à-vis des rois et des royalistes.

C'est cette dangereuse, et trop spécieuse erreur, qui a nourri en grande partie une guerre qui pouvoit dès long-tems être terminée. Le système démagogique ne donnoit aucune garantie aux Puissances étrangères pour la paix, tandis qu'elles en donnoient une à la République, ne fut-ce que dans leur foiblesse. Je veux que les fauteurs de ce système ; maîtrisant, comme par le passé, toutes les forces de la France, parviennent à l'anéantissement de toute monarchie en Europe ; qui nous donnera une garantie contr'eux qui trouvent qu'il est si difficile de leur en donner ? La barbarie et le despotisme militaire ne suivront-ils point et presqu'infailliblement cette conquête universelle ? On ne joue point ainsi de gaîté de cœur et sans une absolue et évidente nécessité, l'établissement actuel de civilisation et d'industrie, contre seulement une chance du retour de la barbarie.

La France, en devenant République, n'a pas

pris l'engagement de détruire toutes les monar-
chies, elle a assez fait la guerre pour montrer
qu'il est imprudent de l'attaquer, il ne lui reste
qu'à prouver que, comme elle sait faire la
guerre, elle sait aussi supporter l'état de paix
qui est l'état naturel de toute association politique. Elle, qui est née dans les camps et au bruit
des armes, doit démontrer au monde qu'elle est
fondée, ainsi que tous les autres Etats, sur la base
commune de tous les établissemens nationaux
modernes, c'est-à-dire, l'industrie des peuples
et leur bien-être, base première et essentielle de
toute existence nationale, à laquelle la forme de
gouvernement n'est que subordonnée. Les formes de gouvernement ne sont que des moyens
et des instrumens, elles ne sont pas la fin; la fin
est le bien-être par l'industrie. Les nations Euro-
péennes sont en opposition et en guerre entr'elles, non sur le but, mais sur les moyens différens
de parvenir à un but commun. Si la République
se conduisoit sur des principes différens, toutes
les Puissances étrangères auroient raison de ju-
ger son apparition dans le monde comme une
calamité funeste, et de la regarder comme une
espèce de monstre, qui recèle la destruction et
une guerre éternelle.

Les religions catholique et protestante étoient, dans le principe, des ennemies aussi irréconciliables l'une de l'autre que le paroissent aujourd'hui la République et la monarchie; il sembloit aussi alors qu'elles ne pouvoient subsister à-la-fois, et que l'une devoit nécessairement exterminer l'autre. Cependant, après avoir ensanglanté l'Europe, elles vivent ensemble en amitié, et la guerre entr'elles, qui étoit aussi une guerre de principes, s'est assoupie par le tems qui appaise tout, et s'est convertie en une paix qui, très - probablement, ne doit plus être troublée. Si tout motif d'opposition entre les hommes devoit être un motif d'extermination réciproque, il y a long-temps que le genre-humain seroit détruit.

T H E R E M I N.

De l'Imprimerie de J. F. Sobry, rue du Bacq, n°. 149.

www.ingramcontent.com/pod-product-compliance
Lightning Source LLC
Chambersburg PA
CBHW051748050726
47598CB00003B/1378